MÉMOIRE

SUR

LES CHEMINS VICINAUX

DE LA FRANCE,

PRÉSENTÉ

AUX CHAMBRES LÉGISLATIVES;

PAR

M. B. EYMERY,

MEMBRE DU CONSEIL GÉNÉRAL DU DÉPARTEMENT DE LA CHARENTE-INFÉRIEURE
ET MAIRE DE LA COMMUNE DE BOIS.

A Bordeaux,

DE L'IMPRIMERIE DE LANEFRANQUE AINÉ, Scur. DE RACLE,

RUE SAINTE-CATHERINE, N°. 74.

1834.

Sommaire du Mémoire.

Classer les chemins vicinaux en chemins d'arrondissemens, de cantons et de communes, d'après un système uniforme pour toute la France.

Déterminer la direction de chaque classe, les faire passer par les bourgs, chefs-lieux de cantons, de communes et de villages, en suivant les anciens chemins.

Fixer leurs dimensions par rapport à leur usage et eu égard à l'importance de chaque classe.

Construire convenablement les chaussées, disposer les bermes, les fossés, régler les pentes, conformément aux règles de l'art.

Exécuter dans un temps donné tous ces chemins, au moyen du simple produit de la prestation en nature.

Modifier la loi du 28 Juillet 1824, sur la prestation, obtenir par ce changement des prestataires leur redevance actuelle, portion en nature et portion en argent.

Faire confectionner les travaux par adjudication, et soumettre leur entretien à un embrigadement de cantonniers.

Confier cette immense opération à une administration entendue, dont les frais ne viendront ni augmenter le budget du Trésor, ni compliquer les rouages des autres administrations.

Enfin, faire tourner au profit du pays plus de quinze millions chaque année sur l'emploi du produit de la prestation en nature, d'après notre système.

Tels sont les avantages détaillés dans le présent Mémoire.

MÉMOIRE

SUR

LES CHEMINS VICINAUX

DE LA FRANCE [1],

D'APRÈS

UN NOUVEAU MODE DE CLASSIFICATION ET D'EXÉCUTION ;

DE

LEUR DIRECTION, DIMENSION, CONSTRUCTION ET ENTRETIEN AUX FRAIS DES ARRONDISSEMENS, DES CANTONS
ET DES COMMUNES DESQUELS ILS DÉPENDENT, AU MOYEN DU PRODUIT DE LA PRESTATION EN NATURE,
SUR LES BASES ÉTABLIES PAR LA LOI DU 28 JUILLET 1824, APPLIQUÉE A L'ARRONDISSEMENT DE JONZAC ET A LA COMMUNE
DE BOIS, DÉPARTEMENT DE LA CHARENTE-INFÉRIEURE.

L'UTILITÉ si généralement reconnue des chemins a fixé tour à tour l'attention des Gouvernemens, qui, dans leur sollicitude pour le bien du commerce, de l'industrie et des progrès de la civilisation, ont rendu diverses lois et ordonnances pour leur construction, classement et entretien. L'ordonnance du bureau des finances de Paris, du 29 Mars 1754, divisait les routes en deux classes : la première, comprenait celles qui conduisent de provinces à provinces et aux villes principales ; la seconde, se composait des chemins qui vont de villes à autres villes.

Les coutumes donnaient des définitions qui se rapportaient plus ou moins à celles ci-dessus énoncées. M. Garnier, dans ses observations préliminaires, s'exprime en ces termes sur cette division et classification des routes. C'est l'historique qu'il a fait des monumens législatifs en cette matière qui va servir de prolégomènes au présent Mémoire.

« L'arrêt du Conseil, du 6 Février 1776, formait, à cet égard, le dernier état
» de la législation antérieure à la révolution ; il avait eu pour objet de faire cesser
» l'incertitude que la divergence des dispositions coutumières avait introduit dans
» cette partie de notre droit public, et de fixer les idées sur ce qu'on devait en-
» tendre par chemin public et sur leur largeur.

» Suivant cet arrêt, les routes devaient être divisées en quatre classes ou ordres
» différens. La première classe comprenait les grandes routes qui traversaient la

---

[1] Ces chemins sont tous ceux qui, d'après leur destination, ont été classés par l'autorité administrative compétente.

I

Art. 5.

Les chemins d'arrondissemens, de cantons et de communes, suivront autant que possible les directions des anciens chemins, en passant par les bourgs, chefs-lieux de cantons, de communes et villages.

Il ne sera accordé aucune indemnité aux propriétaires riverains pour l'élargissement des chemins jusqu'à concurrence de 6 mètres.

Lorsqu'il y aura plus de 6 mètres d'envahis, l'indemnité due sera réglée sur une simple expertise convenue entre le préfet et le propriétaire usurpé ; en cas de dissentiment, le tribunal nommera des experts d'office.

Art. 6.

Le préfet nommera, dans chaque arrondissement, une commission de cinq membres ainsi composée : un membre du conseil général, un membre du conseil d'arrondissement, un maire, deux propriétaires, qui seront assistés du conducteur en chef des travaux. Cette commission sera chargée d'arrêter la direction des chemins, de constater, par des procès-verbaux, leur passage par tel ou tel ancien chemin, bourgs, chefs-lieux de cantons, de communes et villages.

Les maires de chaque commune assisteront dans leur commune respective la commission ; ils donneront leur avis. Ce procès-verbal de l'opération sera adressé au préfet, et un double remis à chaque mairie intéressée.

Art. 7.

Au mois de Décembre de chaque année, le rôle de la prestation en nature sera dressé par le maire, dans chaque commune, sur le procès-verbal des recherches faites par trois commissaires pris parmi les conseillers municipaux et nommés par le maire.

Le procès-verbal des commissaires indiquera la situation de chaque habitant, les changemens d'inscriptions ou de radiations qu'il y aurait à faire sur le rôle de l'année précédente, pour établir les nouvelles cotes sur le rôle de l'année suivante.

Le rôle ainsi rectifié sera certifié par le maire et les commissaires, et adressé au préfet avant le 1er. Janvier, pour obtenir l'autorisation de sa mise à exécution.

Art. 8.

Tous les citoyens valides, âgés de vingt ans, ne payant aucun impôt, seront portés au rôle de la prestation pour deux journées de travail.

Art. 9.

Tout habitant, chef de famille ou d'établissement, soit à titre de propriétaire, régisseur, fermier ou de colon partiaire, qui sera porté sur l'un des rôles des contributions directes, sera tenu chaque année à une prestation qui ne pourra excéder pour lui deux journées de travail.

Art. 10.

Cette prestation augmentera de deux journées par chaque bête de trait ou de somme, cheval de selle et d'attelage de luxe, par chaque charrette, destinée au service ou pour le service de celui qui s'en sert.

Art. 11.

La journée est fixée à 1 fr. 50 cent. Chaque prestataire sera tenu de fournir en argent moitié du prix total porté au rôle : cette moitié en argent sera recouvrée par le percepteur de la commune comme tout autre impôt ; l'autre moitié sera fournie en nature, suivant les besoins des travaux.

Art. 12.

La prestation en nature consistera en fourniture de matériaux, transports et journées, le tout désigné par le rôle. Cette portion dudit rôle sera donnée pour valeur représentative à l'adjudicataire des travaux.

Art. 13.

Le rôle de la prestation contiendra deux colonnes où seront portées les deux espèces de prestation.

Art. 14.

On passera des adjudications pour la confection des chemins vicinaux ; les formes administratives ordinaires seront observées.

Art. 15.

Il sera nommé par le Roi, sur la présentation du préfet à M. le Ministre des travaux publics et du commerce, un inspecteur des travaux des chemins vicinaux par département, qui sera chargé d'inspecter et résumer les travaux d'arrondissemens, et de fournir au préfet tous les documens qui lui seront nécessaires, tant pour ordonner l'exécution des travaux, passer les adjudications, que pour faire payer les entrepreneurs et employés. Toutefois après la réception de leurs travaux par l'inspecteur ou le conducteur délégué par lui, cet inspecteur recevra du préfet les instructions relatives à l'organisation du personnel de son administration et de la confection des travaux.

Art. 16.

Sur la présentation du sous-préfet et de l'inspecteur, il sera nommé par le préfet des conducteurs des travaux des chemins viciniaux ; il y en aura un dans chaque chef-lieu d'arrondissement, sous la dénomination de conducteur en chef. Il sera chargé de dresser les devis et détails estimatifs, plans et rapports des travaux, sur les documens qui lui seront fournis par les conducteurs secondaires établis aux chefs-lieux de cantons. Il sera sous la dépendance du préfet, et recevra de son inspecteur les ordres nécessaires pour l'accomplissement de son emploi et du succès des travaux.

des travaux ; 2°. d'un membre du conseil général, d'un membre du conseil d'arrondissement, d'un maire et de deux propriétaires. Cette commission sera chargée de déterminer la direction de chaque classe desdits chemins vicinaux, de constater, par des procès-verbaux, leur passage dans tels chemins, bourgs, chefs-lieux de communes, villages, et conformément aux dispositions indiquées par les cartes n°s. 1 et 2 de ce Mémoire.

DIMENSION.

La largeur des chemins a beaucoup varié. L'ordonnance du 29 Mars 1754, déjà citée, fixe la largeur des grandes routes de provinces à provinces à 60 pieds ; les autres chemins de villes à autres villes, à 48 pieds ; et les chemins de traverse de villages à villages, à 30 pieds.

Les routes royales et départementales qui traversent l'arrondissement de Jonzac ont, les premières, 72 pieds de largeur, y compris leurs fossés ; et les secondes, 40 pieds.

D'après ces largeurs et l'importance des communications de l'arrondissement de Jonzac, nous pensons devoir assigner les dimensions ci-après aux différentes classes des chemins vicinaux et qui font l'objet du présent Mémoire.

Les chemins d'arrondissemens auront, compris les fossés, 10 mètres de largeur, avec une chaussée en empierrement de 4 mètres aussi de largeur et de 35 centimètres d'épaisseur.

Ceux des cantons, compris les fossés, auront 8 mètres de largeur, avec chaussée en empierrement de 3 mètres 20 centimètres de largeur, et 0,35 centimètres d'épaisseur.

Et ceux des communes, compris également les fossés, auront 6 mètres de largeur, avec chaussée en empierrement de 2 mètres 80 centimètres aussi de largeur, et de 0,35 centimètres d'épaisseur, conformément aux profils des routes, plan n°. 3 de ce Mémoire.

LEUR CONSTRUCTION ET ENTRETIEN.

Ces chemins seront construits suivant le système adopté par l'administration des ponts et chaussées pour les routes royales et départementales. D'abord, on ouvrira la route sur toute sa largeur et on formera, avec les déblais des terres, les remblais pour établir la chaussée, qui sera disposée de telle sorte que les terres provenant du creusement des fossés et de l'élargissement du chemin soient réparties sur les accotemens, afin de former des bermes conformes aux profils, et qu'il n'y ait aucun excédant ou manque de terre capable de porter préjudice aux propriétaires riverains. Les pentes en longueur suivront autant que possible celles des anciens chemins qui leur serviront de direction, afin d'économiser de grands déblais et remblais qui viendraient augmenter considérablement la dépense. Il faudra avoir soin d'éviter les petits ressauts que forment les mouvemens des anciens chemins, en disposant convenablement les terres.

Les chaussées seront construites en pierre dure du pays (qui en fournit abondamment et à une distance réduite de 600 mètres), et établies dans un encaissement entre deux rangs de bordures en pierres choisies, essémilliées et posées à la main avec précaution. Une première couche de pierres et des plus fortes dimensions formera le fonds de la chaussée ; une seconde couche donnera l'épaisseur totale de cette chaussée, y compris son bombement. Cette couche sera bien rangée également à la main, en pierres cassées, de manière à offrir des surfaces uniformes roulantes et non raboteuses. Les chemins ainsi construits seront soumis à un système d'entretien dont il sera ci-après parlé.

Pour avoir le chiffre de la dépense d'un ou de plusieurs chemins d'arrondissemens, de cantons ou de communes, nous avons fait le détail du prix d'un mètre linéaire de chaque espèce avec le prix séparé de l'entretien annuel. (Voir le tableau des prix, n°. 4).

Il en résulte :

1°. Que le mètre linéaire de chemin vicinal d'arrondissement coûterait... 3ᶠ 52ᶜ ⎱
Le même, pour l'entretien annuel... 0 16 ⎰ 3ᶠ68ᶜ
2°. Le mètre linéaire de chemin vicinal de canton coûtera............... 2 88 ⎱
Le même, pour l'entretien annuel.. 0 14 ⎰ 3 02
3°. Le mètre linéaire de chemin vicinal de commune coûtera.......... 2 57 ⎱
Le même, pour l'entretien annuel.... .... 0 12 ⎰ 2 69

MODE D'EXÉCUTION.

Le projet que nous présentons sur les chemins vicinaux est vaste ; il intéresse la société toute entière. Considéré comme le complément d'un système général qui doit porter le commerce et l'industrie vers leur plus grand développement, ce projet doit prendre place, par son exécution, à côté des bienfaits promis et assurés par la loi sur l'instruction primaire.

Faciliter les communications, c'est rapprocher les hommes, agrandir leurs relations et contribuer à l'amélioration de leur état physique et moral.

Pour exécuter un tel projet, qui ne comprend pas moins de 20,653 mètres courans de chemin vicinal de commune à confectionner sur le territoire de la commune de Bois, et dont la dépense s'élèverait à 53,078 fr. 24 cent., d'après le prix estimatif du détail n°. 3, et pour la France à environ 1,974,880,959 fr. 47 cent., le produit de la prestation en nature serait insuffisant d'après son mode actuel d'emploi.

Nous allons démontrer, par un exemple, l'énorme différence qu'il y aurait en bien dans les travaux sur les chemins vicinaux, si l'emploi des produits de la prestation en nature était fait d'après un système d'adjudication, au lieu d'être accompli par les prestataires eux-mêmes, comme cela s'est pratiqué jusqu'à ce jour.

La commune de Bois est traversée sur une longueur de 4,024 mètres par le chemin vicinal de canton qui conduit de Saint-Genis, chef-lieu de canton, à

Gemozac, autre chef-lieu de canton. Ce chemin, commencé en 1827, sur une largeur de 8 mètres, compris les fossés, a suivi la direction de l'ancien chemin qui avait 6 mètres de largeur moyenne.

TRAVAUX DE CE CHEMIN EXÉCUTÉS PAR LES PRESTATAIRES.

Trois années de la prestation en nature de la commune de Bois ont été employées par les prestataires à exploiter 4,825 mètres cubes de terre, tant en déblais qu'en remblais, sur la longueur de 4,021 mètres, pour donner à ce chemin sa largeur et sa forme. Ces trois prestations, d'après le montant des rôles, s'élèvent à.............................. 4,974 f ″ᶜ

Quatre autres années de la prestation en nature ont été employées aussi par les prestataires à extraire, transporter et mettre en place la pierre nécessaire à la confection de 2,411 mètres courans de chaussées, sur 3 mètres 20 centimètres de largeur, et seulement 0 mètre 20 centimètres d'épaisseur. Ces quatre prestations, d'après le montant des rôles, s'élèvent à............. 6,898 ″

MONTANT des travaux exécutés par les prestataires, ci.......... 11,872 f ″ᶜ

Ces mêmes travaux, exécutés sous l'influence d'une bonne administration et par adjudication, sur des prix appréciés à leur juste valeur, auraient coûté :

1°. Pour 4,825 mètres cubes de terre en déblais et remblais, au prix du sous-détail n°. 1ᵉʳ. du tableau des prix n°. 4 de ce Mémoire, augmenté de ¹/₁₀ pour bénéfice accordé à l'entrepreneur, montant à 57 centimes, ci.. 2,750 f 25ᶜ

2°. Pour 2,411 mètres courans de chaussées en empierrement, sur 3 mètres 20 centimètres de largeur et 0 mètre 35 centimètres d'épaisseur, au prix du détail n°. 2 du tableau des prix n°. 4, diminué de 49 cent. pour le prix des terrassemens, donne 2 fr. 39 cent. par mètre courant, et pour les 2,411 mètres, ci. 5,762 29

3°. Pour les frais d'administration, à raison de 0,054 par franc sur l'ensemble des travaux exécutés, ci..................... 459 67

Ces frais sont calculés pour l'arrondissement de Jonzac, d'après l'emploi d'un ingénieur des ponts et chaussées, d'un commis, de sept conducteurs placés à chaque chef-lieu de canton, et l'emploi simultané du produit des rôles de la prestation en nature des cent vingt et une communes de cet arrondissement.

Ces mêmes travaux exécutés par adjudication n'auraient coûté que.. 8,972 f 21ᶜ ⎯⎯⎯⎯⎯⎯ 8,972 21

DIFFÉRENCE de ces deux produits, ci............................... 2,899 f 79ᶜ

Cette différence énorme que nous venons de trouver pour des travaux mal exécutés, est le résultat de l'imprévoyance de la loi du 28 Juillet 1824, sur la prestation, qui, laissant aux prestataires la faculté de faire en nature les journées qu'ils doivent au rôle, en profitent pour faire le moins de travail ou fournir le moins de matériaux possibles. Cependant la commune de Bois, sous l'empire d'une telle loi qui ne donne aucun moyen coërcitif, est une des communes qui, depuis quelques années, font le mieux leur prestation.

Cette différence, une fois prise pour base de l'ensemble des travaux qui s'exécutent par le même moyen dans les trente-sept mille deux cent sept communes de la France, présente une perte de 15,413,212 fr. 16 cent. Cette prestation reproduite sous une autre forme d'impôt, ou mode de perception, puis dirigée par une administration intelligente, ferait tourner cette différence au profit du pays, sans que pour cela les charges des prestataires en fussent augmentées.

Le système d'adjudication, joint à l'établissement de brigades de cantonniers, est seul capable de mener à des résultats satisfaisans.

Pour réaliser le projet dont on s'occupe dans ce Mémoire, trois moyens peuvent être employés.

Le premier consiste dans la conversion du produit de la prestation en nature en un impôt spécial pour les travaux des chemins vicinaux, impôt qui n'excéderait pas le montant des rôles de la prestation des communes. Chaque prestataire ne serait imposé que d'une portion égale à celle établie audit rôle de la prestation en nature, portion qui serait susceptible cependant de changer chaque année, suivant la position du prestataire, et à raison d'une plus ou moins grande quantité d'hommes, de charrettes et de bêtes de trait affectés à son service.

Le second serait de laisser subsister au rôle de la prestation en nature tous ceux des prestataires valides, de vingt ans, qui sont établis de droit sur le rôle en vertu de la loi, mais qui ne paient pas d'impôt foncier. Il serait obligatoire pour les adjudicataires des travaux de recevoir ces prestataires dans leurs ateliers pour le temps qu'ils auraient à fournir d'après le rôle et l'autorisation du maire. L'autre partie des prestataires établie à l'impôt foncier serait tenue de verser en argent, entre les mains du percepteur, la moitié du prix du montant de la cote du rôle de la prestation en nature les concernant.

Le troisième, dans l'abaissement du prix des journées établies au rôle de la prestation, jusqu'à ce qu'elles soient de $^1/_{10}$ au-dessous du prix des journées ordinaires, suivant les localités, pour les hommes, les charrettes et les bêtes de trait. Cependant pour ne rien perdre par cet abaissement du prix des journées qui engagerait les prestataires qui y trouveraient leur avantage à payer plutôt que d'exécuter en nature, il conviendrait d'augmenter, dans une portion égale à l'abaissement du prix, le nombre des journées d'hommes, de charrettes et de bêtes de trait.

Par exemple, la journée pour la commune de Bois est fixée au rôle de la prestation en nature à 1 fr. 50 cent., et la journée ordinaire, à l'époque où on exécute la prestation en nature (mois de Septembre), se paie aux manœuvres 1 fr. 10 cent., prix moyen. En abaissant le prix de la journée du rôle de $^1/_{10}$ au-dessous de celle-ci, on aurait 1 fr. Mais, dans ce cas, le prestataire qui doit deux journées et qui figurait au rôle pour 3 fr., n'y serait plus établi que pour 2 fr. Il faut donc, pour avoir le même produit en argent, le porter à trois journées au lieu de deux qu'il avait d'abord, conformément à la loi du 28 Juillet 1824.

Par ces différentes combinaisons, qui conduisent au même but, on obtiendrait les moyens de faire exécuter les travaux par adjudication et d'établir un service de cantonniers, service qui serait propre à donner aux chemins vicinaux la perfection d'exécution qu'on remarque dans la plupart des routes royales et départementales, qui, elles-mêmes, n'ont acquis cet état satisfaisant que depuis l'établissement de ces cantonniers.

L'administration des ponts et chaussées qui, à tant de titres, mérite la confiance publique et les encouragemens du Gouvernement, pourrait avoir dans son domaine la direction générale des travaux des chemins vicinaux. Il suffirait pour cela d'augmenter seulement son personnel d'un ingénieur ordinaire par chaque chef-lieu d'arrondissement où il ferait sa résidence, et d'un nombre de conducteurs égal aux chefs-lieux de cantons où ils feraient aussi leur résidence. Le Gouvernement trouverait dans cette disposition le moyen facile d'utiliser un grand nombre de jeunes gens qui se destinent à cette partie du génie, et qui en sont éloignés par la juste sévérité qu'on apporte dans les examens pour la réception à l'école Polytechnique.

Un autre régime administratif pourrait aussi être employé ; il consisterait dans l'emploi d'un inspecteur par département qui résumerait les travaux des arrondissemens, d'un conducteur de première classe qui remplacerait l'agent des travaux d'art ou le commissaire-voyer, suivant la dénomination qu'on lui donne dans telle ou telle localité. Ce conducteur de première classe serait chargé de la rédaction des devis estimatifs des chemins et des autres travaux en dépendant, qui seraient soumis à l'inspecteur et en suite à la sanction de M. le Préfet. Ce conducteur ferait sa résidence habituelle au chef-lieu d'arrondissement. Dés conducteurs secondaires seraient placés dans chaque chef-lieu de canton, et chargés de l'exécution des travaux desdits chemins, donnés en adjudication à des entrepreneurs capables et solvables.

Aussitôt qu'un chemin ou plusieurs chemins formant ensemble une longueur de 4,000 mètres environ auraient été terminés, il faudrait que les communes votassent des centimes additionnels proportionnés aux salaires d'un ou plusieurs cantonniers, et dans le cas où les conseils municipaux des communes se refuseraient à prendre cette mesure d'intérêt général, le Gouvernement se réserverait le droit de prendre l'initiative. Il convient aussi que le décret du 23 Juin 1806, sur les dimensions des jantes des roues des voitures, soit appliqué aux chemins vicinaux, et que les conducteurs et cantonniers aient le droit de faire des procès-verbaux contre les contrevenans.

Une commission par arrondissement, composée de cinq membres, prise dans le conseil général, dans le conseil d'arrondissement, parmi les maires et propriétaires choisis et nommés par M. le Préfet, serait chargée d'examiner chaque année les comptes des travaux faits dans l'arrondissement et ceux à faire pour l'année suivante, que M. le Préfet aurait jugé devoir être mis à exécution sur la demande des autorités municipales de chaque commune. Cette commission adresserait à M. le Préfet un rapport de ses opérations.

RÉSUMÉ

LES AVANTAGES DE CE PROJET; DE SES DÉPENSES ET DE LA DURÉE DE SON EXÉCUTION.

AVANTAGES.

Les chemins vicinaux, en ouvrant des communications sur tous les points de la France, faciliteront la circulation entre les petites villes, les bourgs, les chefs-lieux de communes et les villages; ils porteront l'industrie et le commerce jusque dans les plus petits hameaux, et feront ainsi écouler avec utilité et profit les produits territoriaux qui acquerront alors une valeur relative et proportionnelle aux frais de culture, valeur qui n'a été jusqu'à ce jour que négative, par la difficulté, l'impossibilité même du transport de ces produits. De l'exécution du présent projet découlent richesses et améliorations pour le propriétaire; la culture du sol prendra elle-même une nouvelle extension; de toutes parts s'exécuteront des travaux sans nombre, qui auront le grand avantage d'employer cette multitude d'ouvriers sans occupation, dont l'oisiveté inquiétante fatigue le Gouvernement et l'entrave même dans sa marche.

La commune de Bois, prise comme unité dans ce Mémoire, n'est ni la plus grande ni la plus petite de celles qui forment l'arrondissement de Jonzac. Sa population est de neuf cent quarante-trois âmes; sa surface est de deux mille quarante hectares. Indépendamment du bourg, de l'église, du presbytère et de la maison commune, elle contient vingt-un gros villages, quinze petits villages et hameaux et huit habitations particulières. Elle est traversée dans sa largeur, de l'est à l'ouest, par la route départementale de Barbezieux au port Maubert, et par le chemin vicinal de canton de Saint-Genis à Gemozac. (Voir la carte n°. 2 de ce Mémoire).

Les sept chemins vicinaux de commune projetés qui conduisent aux chefs-lieux des communes voisines, la traversent dans sa longueur, du midi au nord, sur un développement de 20,653 mètres et la divisent dans des parties à peu près égales, quoiqu'en suivant cependant les anciens chemins. Par cette disposition, une infinité d'autres chemins d'une utilité secondaire pourront être classés comme chemins communaux, et leur entretien laissé aux soins des propriétaires riverains.

DÉPENSES.

Ces chemins offrent, dans la commune de Bois, comme on l'a dit, un développement de 20,653 mètres courans, mesurés sur le terrain, en suivant leurs sinuosités, d'après le prix d'un mètre linéaire de chemin vicinal de commune, porté au tableau des prix n°. 4 et du détail n°. 3, qui est de 2 fr. 57 cent., on a, pour la commune de Bois, le montant de (établi plus haut).   53,078^f 24^c

Et, en jugeant par analogie, pour les cent vingt et une communes de l'arrondissement de Jonzac, on aura, ci............ 6,422,463 44

Et pour les quatre cent quatre-vingt communes du départe-
ment de la Charente-Inférieure, ci.............................   25,477,540f 80c

Enfin, pour les trente-sept mille deux cent sept communes
composant la France, on aura le chiffre considérable (établi
plus haut) de.. 1,974,880,959 47

Ce chiffre à dépenser n'est exact que pour la commune de Bois et ne peut être
qu'approximatif pour toutes autres communes, attendu 1°. qu'on n'a pu faire entrer
en ligne de compte la portion des chemins vicinaux d'arrondissemens, de cantons
et de communes qui peuvent être exécutées; 2°. qu'on n'avait pas les données
nécessaires pour apprécier la situation desdits chemins. D'un autre côté, toutes les
communes ne comportent pas le même développement de chemins et la même
nature de terrain. On concevra facilement dès-lors la difficulté d'offrir un résultat
exact d'ensemble. Si le chiffre indiqué plus haut pour la dépense à faire dans la commune de Bois est juste, les autres ne sont donc qu'approximatifs. Au surplus, il ne
s'agit pas de faire ici un détail estimatif pour régler au juste des dépenses, ou fixer
celles d'un projet soumis à une adjudication, mais bien du développement d'un
système qui tend à en modifier un autre moins avantageux. S'il est adopté, viendront alors d'autres études, d'autres appréciations à faire, et qui formeront l'objet
d'un travail plus étendu.

DURÉE DE L'EXÉCUTION.

Le montant des rôles de la prestation en nature de la commune de Bois varie
chaque année, et donne, pour prix moyen, 1,680 fr. Les 5 cent. additionnels qui
peuvent être votés pour le plus prompt accomplissement des travaux des chemins
vicinaux, donnent une somme de 320 fr.; ensemble, 2,000 fr., qui seraient employés chaque année sur lesdits chemins. Le montant des travaux à faire pour les
sept communications vicinales de la commune de Bois (sans avoir égard à ce qui
reste à faire au chemin vicinal cantonnal qui traverse cette commune), étant de
53,078 fr. 21 cent., il en résulte qu'il faudra vingt-six années six mois quatorze
jours pour le parachever. Si nous calculions maintenant sur les mêmes bases les
travaux à parfaire dans les cent vingt et une communes de l'arrondissement de
Jonzac, nous trouverons qu'ils coûteront annuellement.........   242,000f   //c

Pour les travaux des quatre cent quatre-vingt communes du
département de la Charente-Inférieure, nous aurons aussi annuellement...   960,000   //

De même pour ceux des trente-sept mille deux cent sept communes de la France, ci...................................... 74,414,000   //

Ces chiffres sont le produit de la prestation en nature augmenté des 5 cent. additionnels qui pourraient à la rigueur être retranchés; mais alors la durée de l'exécution des travaux des chemins vicinaux de la commune de Bois serait de trente
et une années sept mois quatre jours. Dans ce cas, n'employant pas ces 5 cent. additionnels, on les réserverait pour servir aux frais d'entretien desdits chemins jus-

qu'à leur entière confection. Après leur perfectionnement ainsi réalisé, on supprimerait cet impôt, et on affecterait pour l'avenir le simple produit de la prestation en nature à leur entretien.

Dans tout état de choses, il ne faudrait pas que le contribuable fût plus chargé qu'avant l'accomplissement de ce projet, et on ne devrait exiger seulement de lui que le montant de sa cote portée au rôle de la prestation en nature. Cette redevance serait convertie portion en argent, suivant les différens modes indiqués dans ce mémoire.

Malvilard, le 25 Décembre 1833.

B. EYMERY.

Voir, de l'autre part, les cartes n°. 1 et n°. 2, le dessin des profils des routes n°. 3, le tableau des prix n°. 4, l'addition au Mémoire ou Projet de loi n°. 5.

DÉTAIL ANALYTIQUE

DES PRIX D'UN MÈTRE COURANT DE CHEMIN VICINAL

D'ARRONDISSEMENT, DE CANTON ET DE COMMUNE,

D'APRÈS LES PROFILS, N°s. 3, 4, 5 et 6 DU PLAN N°. 3.

SOUS-DÉTAIL N°. 1er.

PRIX

D'un mètre cube de terre ordinaire, pour fouilles et remblais.

Un ouvrier, payé 1 fr. 50 cent. par jour, peut fouiller à une profondeur réduite de 0m 60c, 6m cubes par jour; ci, pour 1m...... 0f 25c

Jet à la pelle par reprise, à 4m de distance réduite........................ 0 15

Régalement et batage des terres dans l'encaissement de la chaussée en chemins creux.. 0 10

Outils et faux frais, le $\frac{1}{20}$ des frais ci-dessus............................ 0 02

} 0f

SOUS-DÉTAIL N°. 2.

PRIX

D'un mètre cube de pierre dure du pays pour empierrement des chaussées, extraite des carrières de la commune de Bois, à 600m de distance réduite.

Un ouvrier, payé 1 fr. 50 cent. par jour, peut extraire 3m cubes. Pour un.. 0f 50c

Charge dans les charrettes, $\frac{1}{10}$ de journée............................ 0 15

Transport à 600m de distance réduite. Une charrette attelée de deux bœufs, et payée par jour 5 fr., compris son conducteur, peut transporter 8m cubes. Pour un.. 0 62

Indemnité de carrière, à raison de 360 fr. le journal de terre de la troisième classe... 0 10

Outils et faux frais, le $\frac{1}{20}$ des prix ci-dessus............................ 0 06

} 1

DÉTAIL.

PRIX
N°. 1er.

D'un mètre courant de chemin vicinal d'arrondissement de 10m de largeur, avec chaussée en empierrement de 4m, d'après le profil n°. 3.

1m 35c cubes de terre en déblai et remblai, provenant de l'inégalité du terrain, du creusement des fossés, du dressement des bermes et de l'apport aux endroits indiqués par les profils, à 52 cent. l'un (prix du sous-détail n°. 1er.)... 0

Ci-contre... 0ᶠ 70ᶜ

1ᵐ 32ᶜ cubes de pierre, compris ¹/₁₀ de déchet, à 1 fr. 43 cent. (prix du sous-détail
n°. 2).. 1 88

Esmillage et pose des bordures, ¹/₁₀ de journée d'un maçon, à 2 fr.. 0ᶠ 20ᶜ ⎫
Pose à la main de la première couche de pierre, ¹/₈ de journée de ⎪
   manœuvre, à 1 fr. 50 cent. par jour..................... 0 18 ⎬ 0 62
Cassage et rangement de la deuxième couche de pierre, ¹/₇ de journée. 0 21 ⎪
Outils et faux frais, le ¹/₂₀ des prix ci-dessus........................... 0 03 ⎭
¹/₁₀ de bénéfice à l'entrepreneur...................................... 0 32

TOTAL du prix d'un mètre courant.............. 3ᶠ 50ᶜ

D'un mètre courant de chemin vicinal de canton de 8ᵐ de largeur, avec chaus-
sées de 4ᵐ, d'après le profil n°. 4.

0ᵐ 95ᶜ cubes de terre en déblai et remblai, comme ci-dessus, à 0 fr. 52 cent........... 0ᶠ 49ᶜ
1 06 cubes de pierre, compris le ¹/₁₀, à 1 fr. 43 cent................................... 1 51
Esmillage et pose des bordures, ¹/₁₀ de journée d'un maçon, à 2 fr. 0ᶠ 20ᶜ ⎫
Pose à la main de la première couche de pierre, ¹/₈ de journée, ⎪
   à 1 fr. 50 cent.. 0 18 ⎬ 0 62
Cassage et rangement de la deuxième couche de pierre, ¹/₇ de jour- ⎪
   née, à 1 fr. 50 cent... 0 21 ⎪
Outils et faux frais, le ¹/₂₀ des prix ci-dessus........................ 0 03 ⎭
¹/₁₀ de bénéfice à l'entrepreneur...................................... 0 26

TOTAL du prix d'un mètre courant.............. 2ᶠ 88ᶜ

D'un mètre courant de chemin vicinal de commune de 6ᵐ de largeur, avec
chaussées de 3ᵐ 20ᶜ, d'après le profil n°. 5.

0ᵐ 85ᶜ cubes de terre en déblai et remblai, comme ci-dessus, à 52 cent................. 0ᶠ 44ᶜ
0 90 cubes de pierre, compris le ¹/₁₀, à 1 fr. 43 cent................................. 1 28
Esmillage et pose des bordures, ¹/₁₀ de journée d'un maçon, à 2 fr. 0ᶠ 20ᶜ ⎫
Pose à la main de la première couche de pierre, ¹/₈ de journées, ⎪
   à 1 fr. 50 cent.. 0 18 ⎬ 0 62
Cassage et rangement de la deuxième couche de pierre, ¹/₇ de jour- ⎪
   née, à 1 fr. 50 cent... 0 21 ⎪
Outils et faux frais, le ¹/₂₀ des prix ci-dessus........................ 0 03 ⎭
¹/₁₀ de bénéfice à l'entrepreneur...................................... 0 23

TOTAL du prix d'un mètre courant.............. 2ᶠ 57ᶜ

Entretien annuel, par système de cantonnier, d'un mètre courant de chemin
vicinal, d'après le prix d'un mètre carré d'entretien annuel des routes
royales et départementales qui traversent l'arrondissement de Jonzac.
(Profils n°ˢ. 1 et 2).

Le mètre courant de chemin vicinal d'arrondissement, profil n°. 3, coûtera
   annuellement... 0ᶠ 16ᶜ
Le mètre courant de chemin vicinal de canton, profil n°. 4, coûtera annuellement... 0 14
Le mètre courant de chemin vicinal de commune, profil n°. 5, coûtera annuellement... 0 12

ADDITION AU MÉMOIRE.

PROJET DE LOI

SUR LES CHEMINS VICINAUX DE LA FRANCE.

ARTICLE PREMIER.

Les chemins vicinaux d'arrondissemens, de cantons et de communes, sont définitivement classés ainsi qu'il suit.

ART. 2.

Chaque arrondissement aura des chemins vicinaux d'arrondissemens, qui conduiront du chef-lieu de sous-préfecture aux chefs-lieux des cantons voisins. Ces chemins auront 10 mètres de largeur, en y comprenant une chaussée qui sera faite en empierrement de 4 mètres aussi de largeur sur 0,35 centimètres d'épaisseur, et un fossé de chaque côté de la route ayant 1 mètre de largeur.

Toutes les communes de l'arrondissement concourront proportionnellement aux frais des travaux de ces chemins, qui seront couverts par le produit de la prestation en nature.

ART. 3.

Chaque canton aura des chemins vicinaux de cantons, qui partiront du chef-lieu d'un canton allant au chef-lieu des autres cantons. Ces chemins auront 8 mètres de largeur, y compris une chaussée en empierrement de 3 mètres 20 centimètres aussi de largeur sur 0,35 centimètres d'épaisseur, et de deux fossés de 0,80 centimètres de largeur.

Les communes composant le canton contribueront aux frais des travaux de ces chemins par le produit de la prestation en nature.

ART. 4.

Chaque commune aura des chemins vicinaux de communes, qui iront du chef-lieu d'une commune au chef-lieu des communes voisines. Ces chemins auront 6 mètres de largeur, en y comprenant la chaussée en empierrement de 2 mètres 80 centimètres de largeur et deux fossés de chacun 0,60 centimètres de largeur.

Tous ces chemins seront exécutés sur le produit des prestations en nature de chaque commune, augmenté des 5 cent. additionnels dont le recouvrement serait laissé à la volonté du préfet pour être employés, selon les besoins desdits chemins, à leur confection et entretien.

Art. 5.

Les chemins d'arrondissemens, de cantons et de communes, suivront autant que possible les directions des anciens chemins, en passant par les bourgs, chefs-lieux de cantons, de communes et villages.

Il ne sera accordé aucune indemnité aux propriétaires riverains pour l'élargissement des chemins jusqu'à concurrence de 6 mètres.

Lorsqu'il y aura plus de 6 mètres d'envahis, l'indemnité due sera réglée sur une simple expertise convenue entre le préfet et le propriétaire usurpé ; en cas de dissentiment, le tribunal nommera des experts d'office.

Art. 6.

Le préfet nommera, dans chaque arrondissement, une commission de cinq membres ainsi composée : un membre du conseil général, un membre du conseil d'arrondissement, un maire, deux propriétaires, qui seront assistés du conducteur en chef des travaux. Cette commission sera chargée d'arrêter la direction des chemins, de constater, par des procès-verbaux, leur passage par tel ou tel ancien chemin, bourgs, chefs-lieux de cantons, de communes et villages.

Les maires de chaque commune assisteront dans leur commune respective la commission ; ils donneront leur avis. Ce procès-verbal de l'opération sera adressé au préfet, et un double remis à chaque mairie intéressée.

Art. 7.

Au mois de Décembre de chaque année, le rôle de la prestation en nature sera dressé par le maire, dans chaque commune, sur le procès-verbal des recherches faites par trois commissaires pris parmi les conseillers municipaux et nommés par le maire.

Le procès-verbal des commissaires indiquera la situation de chaque habitant, les changemens d'inscriptions ou de radiations qu'il y aurait à faire sur le rôle de l'année précédente, pour établir les nouvelles cotes sur le rôle de l'année suivante.

Le rôle ainsi rectifié sera certifié par le maire et les commissaires, et adressé au préfet avant le 1er. Janvier, pour obtenir l'autorisation de sa mise à exécution.

Art. 8.

Tous les citoyens valides, âgés de vingt ans, ne payant aucun impôt, seront portés au rôle de la prestation pour deux journées de travail.

Art. 9.

Tout habitant, chef de famille ou d'établissement, soit à titre de propriétaire, régisseur, fermier ou de colon partiaire, qui sera porté sur l'un des rôles des contributions directes, sera tenu chaque année à une prestation qui ne pourra excéder pour lui deux journées de travail.

Art. 10.

Cette prestation augmentera de deux journées par chaque bête de trait ou de somme, cheval de selle et d'attelage de luxe, par chaque charrette, destinée au service ou pour le service de celui qui s'en sert.

Art. 11.

La journée est fixée à 1 fr. 50 cent. Chaque prestataire sera tenu de fournir en argent moitié du prix total porté au rôle : cette moitié en argent sera recouvrée par le percepteur de la commune comme tout autre impôt ; l'autre moitié sera fournie en nature, suivant les besoins des travaux.

Art. 12.

La prestation en nature consistera en fourniture de matériaux, transports et journées, le tout désigné par le rôle. Cette portion dudit rôle sera donnée pour valeur représentative à l'adjudicataire des travaux.

Art. 13.

Le rôle de la prestation contiendra deux colonnes où seront portées les deux espèces de prestation.

Art. 14.

On passera des adjudications pour la confection des chemins vicinaux; les formes administratives ordinaires seront observées.

Art. 15.

Il sera nommé par le Roi, sur la présentation du préfet à M. le Ministre des travaux publics et du commerce, un inspecteur des travaux des chemins vicinaux par département, qui sera chargé d'inspecter et résumer les travaux d'arrondissemens, et de fournir au préfet tous les documens qui lui seront nécessaires, tant pour ordonner l'exécution des travaux, passer les adjudications, que pour faire payer les entrepreneurs et employés. Toutefois après la réception de leurs travaux par l'inspecteur ou le conducteur délégué par lui, cet inspecteur recevra du préfet les instructions relatives à l'organisation du personnel de son administration et de la confection des travaux.

Art. 16.

Sur la présentation du sous-préfet et de l'inspecteur, il sera nommé par le préfet des conducteurs des travaux des chemins viciniaux; il y en aura un dans chaque chef-lieu d'arrondissement, sous la dénomination de conducteur en chef. Il sera chargé de dresser les devis et détails estimatifs, plans et rapports des travaux, sur les documens qui lui seront fournis par les conducteurs secondaires établis aux chefs-lieux de cantons. Il sera sous la dépendance du préfet, et recevra de son inspecteur les ordres nécessaires pour l'accomplissement de son emploi et du succès des travaux.

Art. 17.

Le préfet nommera également, sur la présentation du sous-préfet et de l'inspecteur, des conducteurs secondaires dans chaque chef-lieu de cantons. Ces conducteurs seront chargés du détail des travaux et de leur exécution ; ils seront sous la dépendance du préfet, et recevront de l'inspecteur et du conducteur en chef les ordres nécessaires pour ce qui aura rapport à son emploi et aux travaux.

Art. 18.

A la fin de chaque exercice, les comptes des travaux seront réglés par l'inspecteur dans chaque chef-lieu d'arrondissement, en présence du sous-préfet et de la commission, composée et organisée en vertu de l'art. 6 de la présente loi ; les travaux ordonnés pour l'année suivante seront arrêtés en même temps. En conséquence, les maires devront adresser deux mois à l'avance au sous-préfet, l'état des chemins à confectionner, d'après la classification arrêtée et s'entendre à cet effet avec les conducteurs cantonnaux.

Art. 19.

Aussitôt que 4,000 mètres courant environ de chemins seront confectionnés, on établira un service de cantonniers pour leur entretien ; le salaire de ces cantonniers sera pris sur le produit des 5 cent. additionnels votés par les conseils municipaux ou d'office par le préfet.

Art. 20.

Les appointemens des inspecteurs, des conducteurs en chefs et conducteurs secondaires, seront fixés par le Ministre des travaux publics et du commerce, d'après les propositions des préfets, à raison des localités, et payés sur les produits de la prestation.

Art. 21.

La loi du 23 Juin 1806, sur les jantes des roues des voitures et charettes, sera applicable aux chemins vicinaux ; les conducteurs et les cantonniers auront droit de dresser des procès-verbaux de contravention.

Malvilard, le 20 Janvier 1834.

B. EYMERY.